中小学生书架

ZHONG XIAO XUE SHENG SHU JIA

青少年信息技能丛书

信息评价

著者 / [英] 贝思 · 普尔沃　[英] 唐纳德 · 阿德科克
译者 / 王晓红
译审 / 张志明

長春出版社
全国百佳图书出版单位

图书在版编目（CIP）数据

信息评价/（英）贝思·普尔沃，（英）唐纳德·阿德科克著；王晓红译. —长春：长春出版社，2012.6

（青少年信息技能丛书）

ISBN 978－7－5445－2181－9

Ⅰ. 信… Ⅱ. ①贝… ②唐… ③王… Ⅲ. ①信息学—青年读物 ②信息学—少年读物 Ⅳ. ① G201-49

中国版本图书馆 CIP 数据核字（2012）第 078427 号

信息评价（Evaluating Information）

著　　者：（英）贝思·普尔沃　唐纳德·阿德科克
译　　者：王晓红
译　　审：张志明
责任编辑：张　岚　王子仪
封面设计：王久柱

出版发行：長春出版社　　总 编 室 电 话：0431-88563443
发行部电话：0431-88561180　　读者服务部电话：0431-88561177
地　　址：吉林省长春市建设街 1377 号
邮　　编：130061
网　　址：www.cccbs.net
制　　版：长春大图视听文化艺术传播有限责任公司
印　　刷：吉林省百纳印刷有限公司
经　　销：新华书店

开　　本：787 毫米×1092 毫米　1/16
字　　数：30 千字
印　　张：3
版　　次：2013 年 1 月第 1 版
印　　次：2013 年 1 月第 1 次印刷
定　　价：9.00 元

目 录

信息评价基础

你每天都会收到信息，并且经常会在没有经过思考的情况下对其进行评价。想象一下，假如你在电视上看新闻，气象预报员告诉你明天的天气晴朗温暖，你会相信她。在天气预报后的节目中，一个体育评论员采访了一位足球教练，这位教练说你最喜欢的球队没有进入决赛的可能，而他为你最喜欢球队的对手工作。于是，你知道他说的一部分话是真实的，但你也知道他不想让你最喜欢的球队获胜，因此你会对此进行思考判断。然后是一则广告，广告中说如果你买了这款唇膏就会变得更受欢迎，你知道这则广告只是想推销唇膏，因此你只是置之一笑。你不用仔细考虑就能判断什么是事实，什么是观点。由此可见，你已经知道了如何对信息进行评价。

评价的定义

通过仔细的评估和研究来确定其意义、价值或状况。

你可以通过各种途径来获得信息，例如书籍、报纸、电视、CD、杂志、网络，但是，你如何判断该信息是否与你现在想的问题具有相关性、准确性和完整性？

上述观点同样适用于你进行研究时发现的信息，你需要学会如何评价信息，能够辨别什么样的信息是可信的，什么样的信息来源是存在偏见（或偏爱）的，要知道事实与观点之间的区别，还必须学会如何判断自己掌握的信息是否充足。

本书中会探讨如何对信息进行评价从而确定其相关性、准确性和完整性的方法。你将学会如何评价信息中的观点以及如何将这些观点在研究和分析中加以应用。

5W 法

信息评价是研究过程中的重要部分。你可以使用 5W 法作为工具对信息进行评价。分别回答 5 个带 W 的问题——who（人物），what（事件），when（时间），where（地点），why（原因），这将帮助你判断该信息对于解答你的问题是否有用，这 5 个问题有助于你推测出信息的准确性和相关性。

5W

Who（人物）

· 作者是谁？

· 作者是位专家吗？

· 信息中是否包括这位作者的传记？

What（事件）

· 作者表明他/她的写作目的了吗？

· 作者为其著作的完整性还兼顾到了其他什么事情？

When（时间）

· 作品的写作时间？

· 作者的信息对于解答你的研究问题很重要吗？

Where（地点）

· 信息的来源？

· 信息中存在某种形式的偏见吗？

· 信息中包含不准确或有误导性的内容吗？

Why（原因）

· 该信息为什么对回答你的问题有用？

· 为什么该信息来源优于你所找到的其他信息？

相关性、准确性及完整性

相关性：该信息能满足你的需要吗？

在研究课题时，你会查询许多资源并阅读许多事实。一些事实与你的课题相关联，而还有一些事实与其无关。我们所说的相关性是指那些有助于你解答难题的信息。在评价信息的过程中，你需要决定该信息是否与你解答的难题之间存在关联性。如果该信息与你的课题密切相关，它是否重要到可以应用在你的研究中？如果答案是肯定的，你向成功解答自己的难题又迈进了一步。

如果你在研究几维(kiwi)，你可能会找到两条重要信息：kiwi 指几维(新西兰鸟)，也指奇异果。关于几维的信息可能会涉及到奇异果，但是二者之间没有关联性。

当你最初研究一个课题时，你可能不知道哪些信息与题目相关，哪些与其无关。你对研究题目认识得越清晰，课题研究起来便越容易。收集无关的信息会增加解答问题的难度。确保给自己留出足够的时间进行研究，这样，你就能收集相关信息并舍弃那些无关的信息。

相关信息的确定

让我们来看一个确定相关信息的例子。一个学生正在研究全球变暖的原因，该学生在一本关于全球变暖的书籍中找到一条信息，如下所示：

“科学的进步依靠对研究结果和实验的不断考验，这种质疑精神使科学家们不可能一致同意一种解决问题的方案……（摘自：乔治 S.费兰德《温度是否在升高？》，新泽西州普林斯顿，普林斯顿大学出版社，1989 年，第 9 页）

该学生必须对这一陈述进行调查以确定其是否与“全球变暖的原因”这一题目相关。当读到上面的陈述时，他会浮现这样一个疑问：这条信息讨论了全球变暖的原因吗？经过仔细的思考之后，他确定：虽然这条信息提及了全球变暖这一话题，但它与自己研究的问题没有相关性，所以决定不引用这一事实，因为它并未解答全球变暖的原因，也没有给出具体的实例。

这是全球变暖的证据吗？

准确性：信息是否正确？

当你刚刚上学的时候，老师可能告诉过你事物不是事实就是虚构，非假即真。总体来讲，这种说法是对的。然而，有些时候，你很难弄清楚一件事是否是事实。因为事实也会随时间而改变。两个人阅读同样的信息可能得出两个不同的结论。作为一个研究者，你的一部分工作就是确保你使用的信息的准确性，以便你可以最终得到准确的事实。

多种信息来源

使用多种途径是确保你可以找到准确信息的一个好方法。如果你从三个或三个以上的来源找到同一条信息，那么这条信息很可能是准确的。但有时候使用多种来源寻找信息也会引起混乱，你从三个来源找到了同一条信息，又从另外三处找到了三条不同的信息，你该怎么办呢？这时，你需要判断哪些信息来源是可信的。

作者与顾问

对信息来源进行判断的一个方法是考虑一下该信息的作者。大部分书中都会包含作者的信息，有的在封面，有的则在书中。杂志中的文章通常将作者的信息在名为“投稿人”的专栏中给出，有关某一问题的所有作者都会在该部分列出。其它信息来源，例如百科全书及字典，可能不会列出作者。对于此类信息来源，你需要判断其出版公司是否值得信任。许多出版公司会聘请专家以及顾问来对其书中或杂志中的信息进行检查，以确保其准确性。这些顾问的名字通常会列于书中或书的封面上。

网络信息来源

判断一个网络的信息来源是否可靠非常困难。统一资源定位符（URL）或网址能帮你决定某一网站是否可以放心使用。统一资源定位符可分为三个部分：第一部分（www）告诉你这是万维网上的一个网址；第二部分是网页的名字或名称；最后一部分是域名，域名告诉你该网站的类型。最常见的域名有公司、教育机构、组织和政府。

网址的组成部分

http://www.un.org/

http=超文本传输协议

帮助你的电脑找到网页。

www=万维网

表示该网页是万维网上的网页。

un=联合国

这是网站所属的组织、公司或个人名称。

org=域名

告诉你该网站的类型。

域名

.com=商业网站

.gov=政府网站

.org=组织

.ac=大学

.net=网络服务供应商、网络管理网站

国际站点的结尾用该国家的英文缩写，例如: “uk” 代表英国。

谁创建了该网站?

找出网站的创建者是很棘手的，因为这类信息并不明显。信息可以通过匿名或假名方式发布在网络上。一些网站中包含“关于我们”的页面，会给出网站的主办单位及制作人信息，如果你无法找到关于某一网站的充足信息，最好不要将其作为信息来源。

该信息是当前最新的信息吗?

检验某一信息来源是否可靠的一个方法是确保上面提供的是当前的最新信息。你需要确保信息是最新的，检查信息来源是何时创建的。在书中，需要找到版权日期；在杂志和报纸中，需要找到发行日期；在网站和数据库中，需要找到创建日期以及提交至网络上的日期，有时可能是一个版权登记日。对于其他电子信息来源，例如视频、DVD或CD等，版权登记日会显示在包装上，有时在光盘的商标处。

让我们举一个例子来说明为什么日期如此重要。假设一个学生在俄罗斯研究一个课题，他发现了一本1990年的地图册。1990年的俄罗斯与现在大不相同，在苏维埃联盟解体之前，它包含了许多其它国家。如果该学生使用了这本老地图册，他们的课题所提供的信息就不准确了。

完整性：我掌握了充足的信息吗?

在寻找问题的答案或解决方法时，你很难知道自己是否掌握了充足的信息。你所使用的每个信息来源必须能够为你提供解答问题需要的事实。你必须对找到的信息进行检验以确定其完整性。有时候，你会发现该事实具备了准确性和关联性，但却未能提供充足的信息来解答你的问题。在这种情况下，你需要寻找更多的信息来源。

找到充足的事实并将其整合在一起，就像是将拼图的每一部分完整地拼在一起。这需要进行许多耐心的研究，最终你会发现这一切是很值得的。

这两张地图表明了关注日期是非常重要的。如果学生使用了1990年前苏联解体之前的旧地图（上图），那么研究的信息就不够准确了。

草稿

检验你的信息是否充足的一个方法是开始为你的项目写草稿。在写草稿的过程中，你会发现哪里还有不足，你需要进行更多的研究。一份有组织的草稿可以使这些欠缺之处更加明显。最好将你的论文构思草稿分为三部分：主题陈述或主题句、支撑细节说明、总结。无论该论文只有一个段落还是包含多个段落，你都应按照这种格式书写。

你是否掌握了充足的信息？认真组织材料会帮助你完成所研究的问题。

对于较长的论文，你需要书写一个介绍性段落，几个支撑段落，这些支撑段落中的信息用来支撑你的介绍性段落，还应包含一个总结性段落，用来总结文章的内容。当你完成草稿后，你就会知道你是否掌握了足够的信息来回答或解决你的问题。

应该打多少份草稿？

上课时，老师会告诉你应该为文章打多少份草稿，他们还会告诉你做笔记的技巧和打草稿的技巧。无论是在上学期间还是在你的生活中，都应该找到一个适用于自己的方法。现在，你应该遵循老师交给你的方法，这将有助于你培养学习技巧。

研究过程的模型

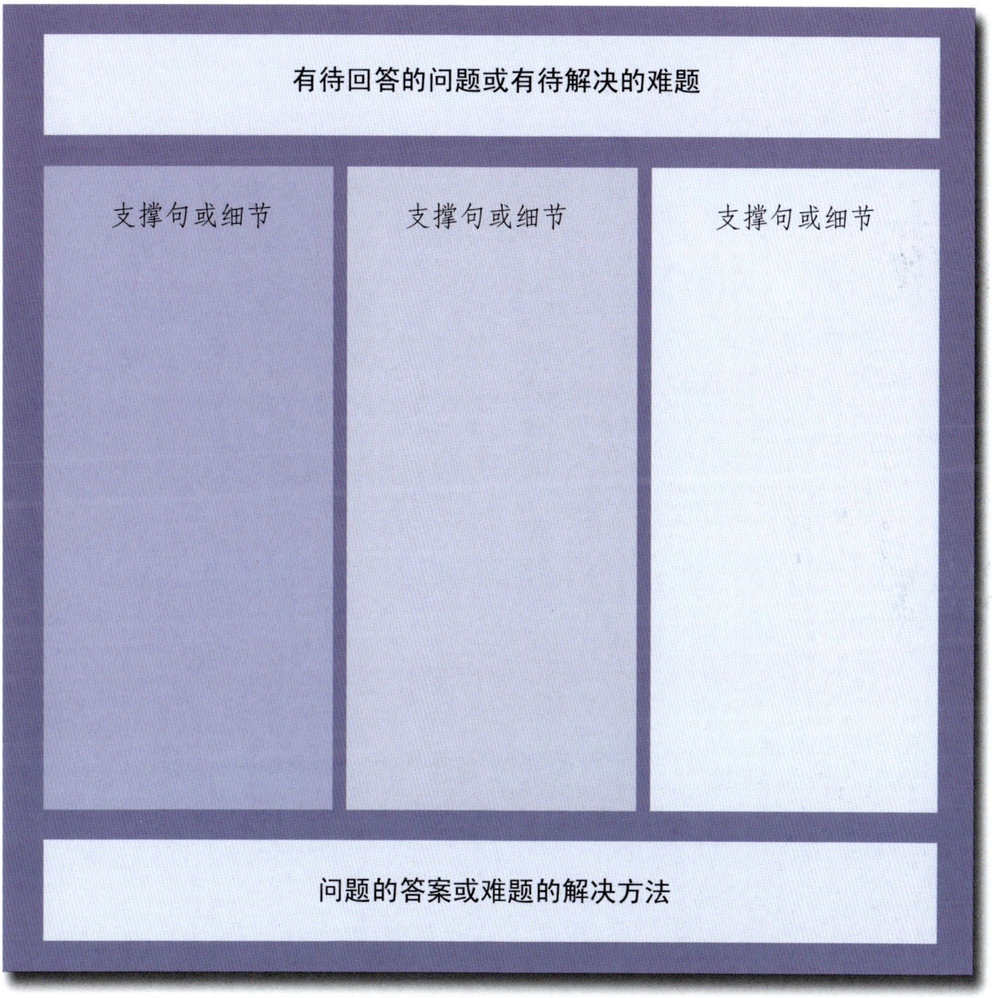

事实、观点和见解

事实是指一条已知的真实信息。大多数事实很容易验证。以下是一些事实的例子：匈牙利的首都是布达佩斯；水在华氏32度（摄氏零度）结冰；第一次世界大战爆发于1914年。

这些事实被视为常识，可以很容易地通过各种途径进行验证，在为解答问题而进行研究的过程中，有些事实是你已知的，但你还需要找到其他的事实并验证其真实性来支撑你的研究。你可以通过不同的途径对这些事实进行验证。有些事实比起上述例子来说不是那么容易验证的，如何能找到所需信息并且评价其是否真实、是否需要更多的支撑信息，这是一门有价值的技巧。

水在华氏32度（摄氏零度）结冰。这类事实只需通过一种信息来源进行验证即可。

观点

我们都有各自的观点，一些观点被认为是品位爱好。例如，你最喜欢的颜色或你不喜欢的食物。人们几乎不会为这些事情进行争辩，也几乎不可能通过研究令你改变主意。如果你不喜欢巧克力，没有一种研究可以改变这个事实。

有时候，在你进行研究的过程中会发现人们的各种观点。这些观点难以分辨，因为作者会使用事实来支撑其观点。如果你同意某一观点，你可能会更倾向它是一个事实而不是观点。这就是可信来源。即根据真实目的的出发点可以清晰地分辨一篇文章到底是事实性文章还是观点性文章的原因。报纸中经常有一些观点性的文章，文章中也会包含事实，但其主要目的是表达作者的看法。这与书中其他地方出现的新闻文章有所不同。

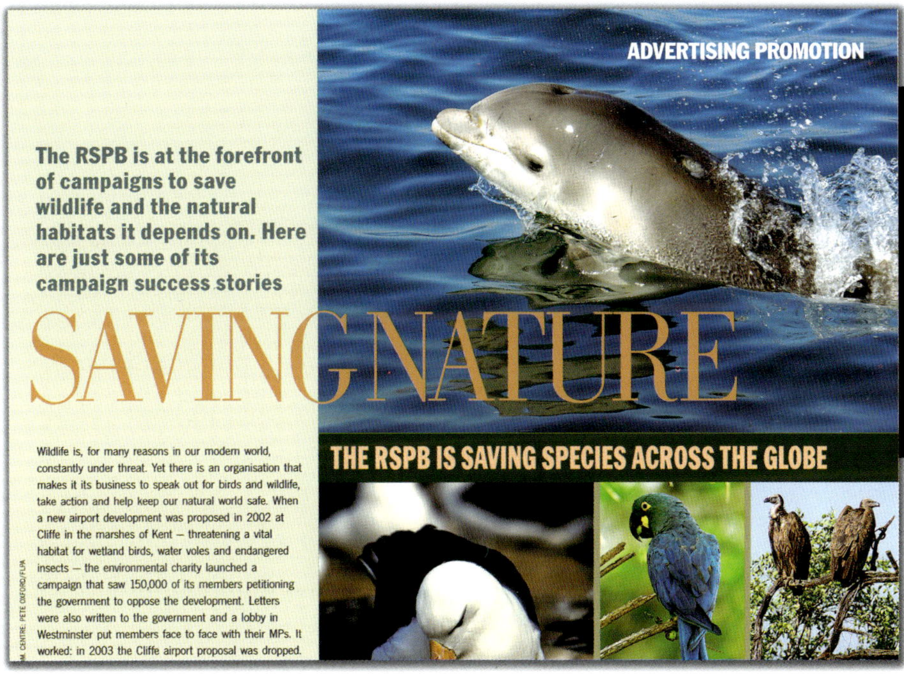
ADVERTISING PROMOTION
The RSPB is at the forefront of campaigns to save wildlife and the natural habitats it depends on. Here are just some of its campaign success stories
SAVING NATURE
THE RSPB IS SAVING SPECIES ACROSS THE GLOBE
Wildlife is, for many reasons in our modern world, constantly under threat. Yet there is an organisation that makes it its business to speak out for birds and wildlife, take action and help keep our natural world safe. When a new airport development was proposed in 2002 at Cliffe in the marshes of Kent – threatening a vital habitat for wetland birds, water voles and endangered insects – the environmental charity launched a campaign that saw 150,000 of its members petitioning the government to oppose the development. Letters were also written to the government and a lobby in Westminster put members face to face with their MPs. It worked: in 2003 the Cliffe airport proposal was dropped.
CENTRE: PETE OXFORD/FLPA

拯救自然（SAVING NATURE）

有时候，广告商刻意使广告和新闻文章之间的区别难以分辨。

见解

在学习文学时，你可能已经学过了关于作者见解的知识。在小说中，作者的角度或者立场称之为心声，其允许作者将自己的见解或偏见作为其小说写作的一部分，但参考资料必须呈现事实。一些非小说类的作品旨在表达某种观点。这样很好，但是当你做研究时，你要清楚你写的是毫无偏见的文章还是用来表达看法的文章。

表述偏见

有时候，当你强烈地坚持某一看法时，就会影响你看待事物的方式，也会影响你对事实的表述。偏见是指作者的见解影响了他/她的写作，作者可能试图影响读者，或其偏见会影响他们真实地看待事情。偏见很微妙且难以辨别，当真正成为作者的观点时，它可以作为事实来呈现。有时它也很明显，有些政治家在竞选中会使用带有偏见的信息来影响投票者进而选他们一票。

这是人们支持侯选人的最佳方式吗？他们的观点有可能存在偏见吗？

你每天都会在信息来源中发现偏见。比如，你会认为一个广告具有偏见性，因为它正在销售一种产品。然而有一些信息来源看起来是客观的或公平的，但也有理由存有偏见，其中一个例子就是技术报告。这些报告是以科学实验或研究为依据的，通常由对其研究结果感兴趣的集团资助。例如，一家医药公司会赞助某项实验，该实验用于研究某药品是否有效或安全。当然，最后的研究结果很可能是无效的，但即便如此，也要有充足的客观的资料加以确认。

有时人们会对持有特定见解的信息源打折扣。有些人存在偏见，而事实未必意味着这些信息是错误的，因此，在评估这些信息时应意识到这一点。

偏见的常见例子

广告

人们对广告存在偏见是因为它们都是在销售产品，有时广告还假装以客观陈述的方式来掩饰。

政治声明

人们对政治声明存在偏见是因为它们总是在试图说服他人赞同其观点。

科学研究

虽然科学被认为是客观的，但实验结果也可能受到研究人员观点的影响。

事实、观点和见解的使用

在研究问题或寻找解决问题的方案时，你应该找到事实。你可以在文章中引用一些观点来支持你找到的事实。在寻找研究问题的答案或解决办法时，你要避免偏见的同时持有自己的看法，而有时候，在研究问题时，可能你需要浏览带有偏见的信息和观点。

案例研究：在医学研究中使用动物

比如，一名小学生要研究动物是否应该被用来测试医学药品和医疗设备，要求该学生就这一主题表达自己的见解。该学生必须要对该主题坚定一种立场，在表明立场之前，必须要进行研究，要从两方面来看待该问题，留意偏见和看法。该学生能够利用事实和观点来支持自己的见解，也能够利用它们反击对方的见解，因此必须使用事实来支撑自己的立场。

在下一页将给出例子，列出了该学生如何对该题目进行争议及如何表达自己的观点。

研究

开始研究之前，该学生必须要发现与主题有关的各种争议。要完成此任务的一个方法就是浏览博客。博客是一个网站，在该网站上人们可以提出观点，展开对话讨论。起初，有些人把博客当作一种日记形式，现如今，许多公司、组织机构和新闻机构出钱雇佣一批人在网上维护其关于特定主题的博客。像所有信息来源一样，你需要对博客进行准确评价。浏览博客不失为一种对你研究的题目形成想法的好方式。在搜索引擎中敲入“动物研究博客”就可以获得许多该方面的信息。

有关动物试验的实例、争议的问题、立场和观点

关于动物试验的争议

- 围绕该问题的争议是什么？
- 哪些国家禁止对动物进行试验？禁止条例出台的结果如何？
- 是否有公司已经停止对动物进行试验？
- 禁止条例将对医学研究造成怎样的影响？
- 医学研究的定义是什么？
- 动物试验的定义是什么？

可能的立场

- 允许对动物进行各种试验。
- 禁止对动物进行各种试验。
- 没有其它选择时才允许对动物进行试验。
- 只有满足了某些条件之后才可以对动物进行试验。
- 只有该药物或医疗设备用来挽救生命时才可以对动物进行试验。

谁会有看法？

- 医药公司
- 商业团体
- 动物维权组织
- 医疗专家
- 政治团体
- 个人

了解有争议的问题及各种偏见会帮助你确定所获得的信息是否为事实。

在进行网络搜索时，这名学生可能会遇到善待动物组织（PETA）网站（见 21 页），PETA 是 People for the Ethical Treatment 的英文缩写，该组织认为动物是拥有权利的，不应该被用来进行医学研究。PETA 明确表示，动物不应用于试验。这意味着该组织明显存在偏见。阅读 PETA 提供的信息和资料时，研究人员要意识到这种偏见。

英国广播公司（BBC）提供了一种相对没有偏见的新闻来源。它不接受广告，这意味着像医药公司这样的广告商不会影响其提供的新闻。因为提供信息的两面性，BBC 是一个讨论有争议问题的良好途径。网页搜索中，学生可以找到 BBC 网站关于辩论节目的页面，学生可以下载该辩论的记录。由于该辩论包含争议双方的观点，因此，可以成为好的信息来源。

动物的幸福是辩论双方激烈争论的主题。

讨论观点的规则

- 确保你已完成了研究。
- 确保你了解了有关争议的问题，而不是你自己所关心的争议。
- 不要引入不相关的信息。
- 公平竞争，不要进行人身攻击。
- 听取其他人的见解。

ABOUT PETA
PEOPLE FOR THE ETHICAL TREATMENT OF ANIMALS
PETA.org
Home
Get Active
Media Center
TV
Cruelty-Free Living
Shop
About PETA
Donate Now
Subscribe to E-News
GO
Search
GO
About Us
Contact Information
FAQ
History
Ingrid Newkirk
Financial Reports
Hampton Roads, Virginia
About PETA.org
Get Involved
Milestones
PETA in the News
Victories
Get Active
Work at PETA
PETA's Mission Statement
People for the Ethical Treatment of Animals (PETA), with more than 1.8 million members and supporters, is the largest animal rights organization in the world.
PETA focuses its attention on the four areas in which the largest numbers of animals suffer the most intensely for the longest periods of time: on factory farms, in laboratories, in the clothing trade, and in the entertainment industry. We also work on a variety of other issues, including the cruel killing of beavers, birds and other "pests," and the abuse of backyard dogs.
PETA works through public education, cruelty investigations, research, animal rescue, legislation, special events, celebrity involvement, and protest campaigns.
Become A Member
About PETA
PETA's Uncompromising Stands on Animal Rights
PETA's Milestones
Annual Review
PETA in the Headlines
Ask Carla

PETA 是一个国际性的维护动物权益的组织。该组织网站上的信息可能存在偏见，但并非意味着该信息不正确。

不准确的信息或误导性信息

你在几秒钟之内就可以找到准确无误的信息，同时你也会找到不准确的及误导性信息。过去只有几种获取信息的来源：书籍、期刊、报纸、广播以及三四个电视频道节目。

科技的改变意味着信息来源也在急速增长。不仅有网络，还有比以往出版量更多的书籍、杂志、报纸以及上百个电视频道。所有这些书籍、电视频道、网站和杂志都会发布和传播信息，这意味着发布或传播的许多信息有的是准确的，有的则不然。

过去，如果你想写本书，必须要找出版商出版。该出版商会雇佣编辑和校对人员来保证你所写的内容准确无误。这意味着该书进入图书馆或书店之前，就已经被极其认真地校对过了。而现今，任何会使用电脑的人都可以出书或建立网站，网站上的信息不必经人校对，人们可能读一会儿便会切换到其他网页。在你还没有意识到之前，一个人的误导性陈述内容就已经在数百个网站上作为事实被报道了。

传统的出版系统有利于保证准确性，这也意味着只有出版商想要出版的信息才是可获取的。出版行业也是商业的一种，出版商只出版他们认为会卖得好的书籍。而从网络中，人们可以获得大量的信息。

有太多的误导性信息这一事实使学习如何检验信息的准确性变得十分重要。在写文章或阐述看法时，你有责任确保你发布的信息是准确的。

出版过程中的变化可能会造成更多有误的信息被出版。

相互矛盾的信息

在研究问题答案或寻找解决方案时，你可能会发现相互矛盾的信息。这意味着你发现的一些信息有误或存在误导性，有几种方法可以用来判断哪些信息是准确的。

确定信息准确性的方法

作者或创建者是谁？

信息是最新的吗？

信息在多个来源中能够被确认么？

关于作者

当你认为某一信息存在偏见或某些观点存在争议时，确认作者的专业背景是很重要的。许多参考书籍未必都是由专业人员所著，但他们却研究过该题目并将其准确地报道出来。然而，如果你正在试图决定两种相互矛盾的来源中哪个更准确，看看作者的背景资料也许会对你有所帮助。

你通常可以在书籍、杂志、报纸或电子来源中找到有关作者的信息。如果都没找到，你需要使用其他来源寻找作者的信息。出版商会在一本书的开头，结尾或封面写明作者的信息。杂志和报纸上刊登的文章一般会在该文章的开头或结尾介绍作者的资质情况。有时通过网站和其它电子资源很难找到有关作者的信息，你要多方寻找。

信息是最新的吗？

我们往往把事实看作是不会发生变化的事情，但情况恰恰相反。假设一名学生正在研究太阳系。他找到了一篇 2005 年的有关冥王星的文章，于是该生写了一篇关于九大行星的文章，其中集中探讨冥王星。问题在于，科学家在 2006 年已经确定冥王星实际上并不满足成为一颗行星的条件。现如今，官方只承认八大行星，冥王星并未列在其中。这意味着该学生的整篇文章都是不合时宜的。

过去的信息也很有帮助

你可能很想知道为什么图书馆要保存那些旧的、过时的书籍和杂志。假设你想写一篇关于20世纪70年代前苏联人民生活的文章。正如前面已经讨论过，20世纪70年代该地区已经发生了巨大变化。那么，你只有阅读那个时期的一些杂志上的文章或百科全书词条来了解当时的社会视角。写小说的人们可能想查看历史来源，为其小说中的各个人物营造一个逼真的世界。

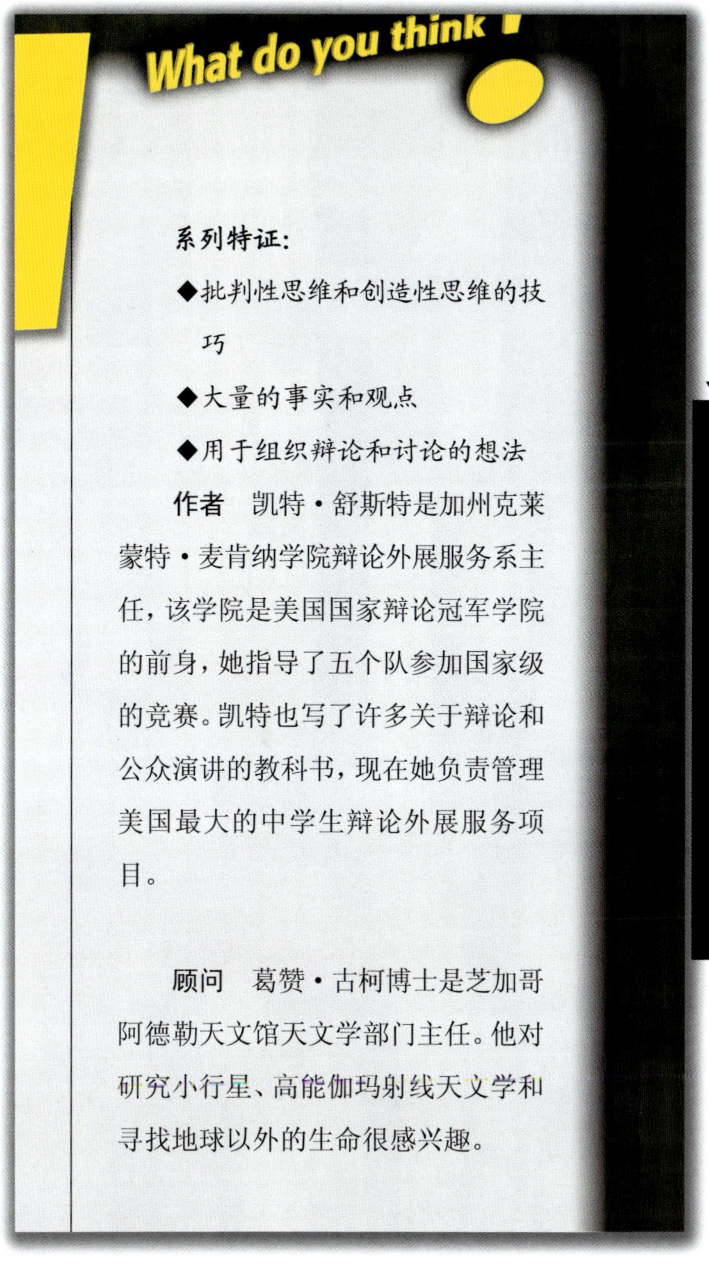
What do you think?

系列特证：

◆批判性思维和创造性思维的技巧

◆大量的事实和观点

◆用于组织辩论和讨论的想法

作者 凯特·舒斯特是加州克莱蒙特·麦肯纳学院辩论外展服务系主任，该学院是美国国家辩论冠军学院的前身，她指导了五个队参加国家级的竞赛。凯特也写了许多关于辩论和公众演讲的教科书，现在她负责管理美国最大的中学生辩论外展服务项目。

顾问 葛赞·古柯博士是芝加哥阿德勒天文馆天文学部门主任。他对研究小行星、高能伽玛射线天文学和寻找地球以外的生命很感兴趣。

这本书的标题是《你怎么认为：宇宙中还存在其他生命吗？》这是一本关于预测和研究外太空是否有生命存在的书。如你所知，作者和顾问正是这方面的专家。

冥王星的例子就是要让我们知道，当你对信息来源进行编写或创作时，要清楚它为什么重要。你可以使用书籍的版权登记日，它可以在版权页上找到。版权登记日可以告诉你这本书的完成时间和出版时间。版权页还可提供其他有用的信息，会告诉你这本书的出版地点以及如何与出版商取得联系，也会告诉你这本书是否在大英图书馆被注册登记过。

www.heinemann.co.uk/library
Visit our website to find out more information about Heinemann Library books.

To order:
Phone 44 (0) 1865 888066
Send a fax to 44 (0) 1865 314091
Visit the Raintree bookshop at www.heinemann.co.uk/library to browse our catalogue and order online.

Heinemann Library is an imprint of **Pearson Education Limited**, a company incorporated in England and Wales having its registered office at Edinburgh Gate, Harlow, Essex, CM20 2JE – Registered company number: 00872828

Heinemann is a registered trademark of Pearson Education Ltd.

Text © Pearson Education Limited 2008
First published in hardback in 2009
The moral rights of the proprietor have been asserted.

All rights reserved. No part of this publication may be reproduced in any form or by any means (including photocopying or storing it in any medium by electronic means and whether or not transiently or incidentally to some other use of this publication) without the written permission of the copyright owner, except in accordance with the provisions of the Copyright, Designs and Patents Act 1988 or under the terms of a licence issued by the Copyright Licensing Agency, Saffron House, 6–10 Kirby Street, London EC1N 8TS (www.cla.co.uk). Applications for the copyright owner's written permission should be addressed to the publisher.

Edited by Kristen Truhlar, Rachel Howells, and Louise Galpine
Designed by Richard Parker and Manhattan Design
Picture research by Mica Brancic
Production: Victoria Fitzgerald

Originated by Chroma Graphics (Overseas) Pte. Ltd
Printed and bound in China by Leo Paper Group.

ISBN 978 0 431 90804 5 (hardback)
13 12 11 10 09
10 9 8 7 6 5 4 3 2 1

British Library Cataloguing in Publication Data
Mattern, Joanne, 1963-
Bullying. - (The real deal)
155.9'2

A full catalogue record for this book is available from the British Library.

Acknowledgements
We would like to thank the following for permission to reproduce photographs: ©Alamy pp. **10** (Dennis MacDonald), **11** (Vario Images), **17** (Adrian Sherratt), **23** (David Levenson), **4**, **27**; ©Corbis pp. **6** (Martin Ruetschi/Keystone), **18** (Anthony Redpath), **16**; ©Getty Images pp. **5** (Kevin Fitzgerald), **12**, **20**, **24** (Stone), **26** (Asia Images); ©Imagestate p. **13**; ©Jupiter Images pp. **9** (BananaStock), **25** (Workbook Stock), **15**; ©Photolibrary pp. **14** (Digital Vision), **19** (Creatas), **7**; ©PunchStock pp. **8** (Jupiter), **22** (Tetra Images).

Cover photograph of a fist reproduced with permission of iStockphoto/Boris Yantov; cover photograph of teenager reproduced with permission of iStockphoto/Ivan Mateev.

We would like to thank Anne E. Pezalla for her invaluable help in the preparation of this book.

Every effort has been made to contact copyright holders of any material reproduced in this book. Any omissions will be rectified in subsequent printings if notice is given to the publishers.

Disclaimer
All the Internet addresses (URLs) given in this book were valid at the time of going to press. However, due to the dynamic nature of the Internet, some addresses may have changed, or sites may have changed or ceased to exist since publication. While the author and publishers regret any inconvenience this may cause readers, no responsibility for any such changes can be accepted by either the author or the publishers. It is recommended that adults supervise children on the Internet.

看看你是否能够找到这本书的版权登记日。然后，翻开这本书的首页，你会读到相同的信息。

大英图书馆是世界上最大的图书馆之一。英国所有的出版商必须向大英图书馆提交其出版的每本书的副本。这些书籍包含在大英图书馆的出版编目(CIP)数据中，位于版本说明页，这是大英图书馆对该书籍信息的记录。如果一本书的版权书上没包含出版编目数据，则意味着该书是在其他国家出版的，或由小出版商、小组织或作者本人出版的。书中若未包含出版编目，你需要对书中信息进行核实。

对于有些书籍，你会看到已经是第二版、第三版或更多版了，这意味着自从该书初次出版以来，书中的一些信息需要被重写或更新。这种情况最常发生在教科书、参考书或其他非小说类书籍中。在寻找书籍时，要确保你所获得的是最新版本的信息。

期刊的日期

杂志、报纸和期刊一般在封面或刊头列出出版日期。杂志的刊头与书籍的版本说明类似，会列出刊物创作人员的名单。利用数据库寻找杂志上的文章时，你要确保找到的文章都是最新的。

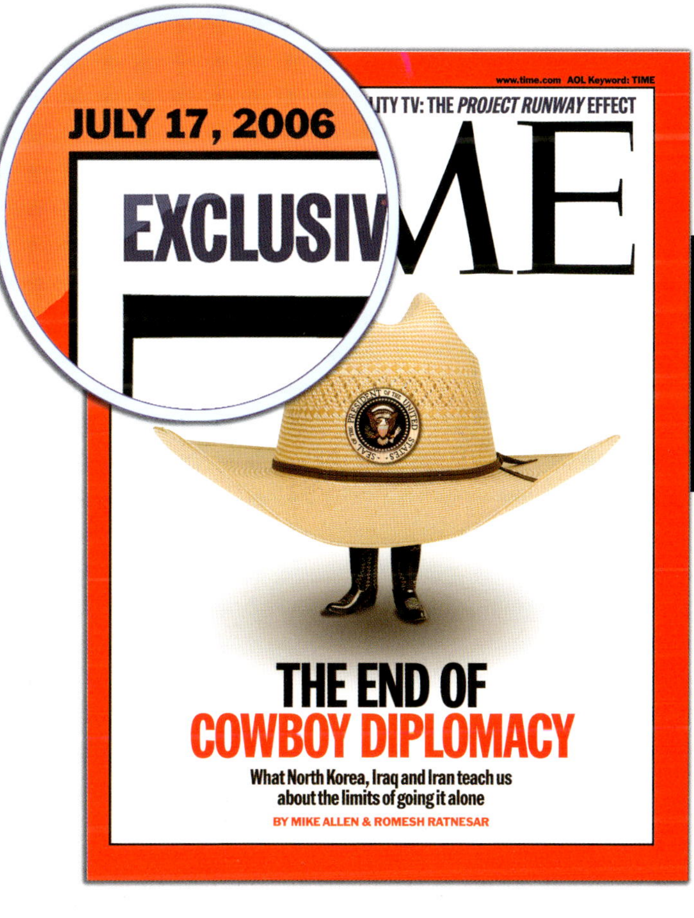

JULY 17, 2006
www.time.com AOL Keyword: TIME
LITY TV: THE PROJECT RUNWAY EFFECT
EXCLUSIV
ME
THE END OF
COWBOY DIPLOMACY
What North Korea, Iraq and Iran teach us about the limits of going it alone
BY MIKE ALLEN & ROMESH RATNESAR

期刊的出版日期通常很容易被找到。

网站的日期

网站和其他电子信息来源一般都会有个版权登记日或信息公布的日期。由于网站信息变化速度很快，你不仅需要记录下信息公布的日期，还需要记录下你找到该信息的日期。也许在你研究和写作的过程中，网站已将该信息更改或撤消。倘若发生上述情况，你需要更多的信息，因此应该找到第二个信息来源。

有时会很难找到网站的出版日期，但该出版日期却是十分重要的。

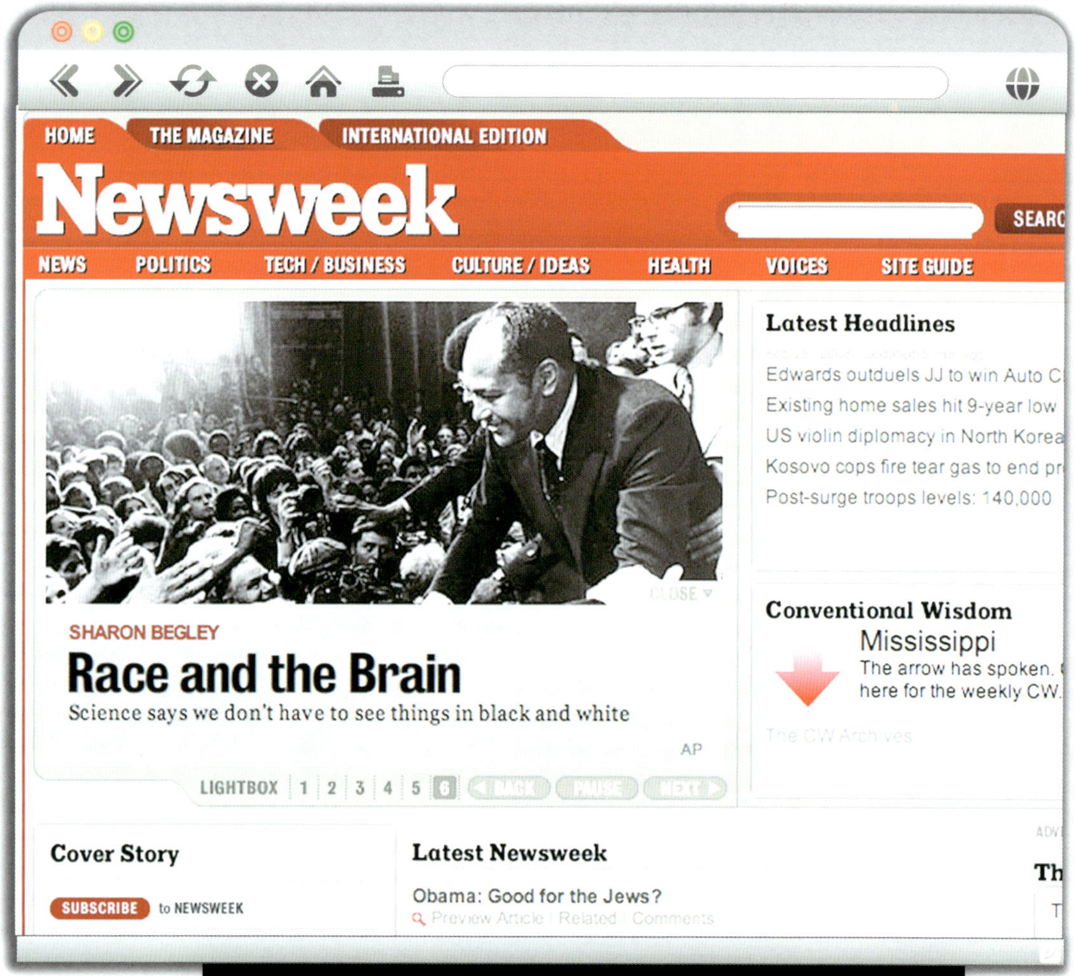

有时，在网页上找到发布日期是很困难的，但这个日期仍然是非常重要的信息。

有多少信息来源？

老师会指定你的课题应该有多少信息来源。许多出版商要求书中的每个事实至少应在两种来源中确认过。如果你的老师没有给你具体的指导，你需要自行决定所需信息来源的数目。

如果一个事实被认为是常识，比如一个国家的首都，你只需从一种可靠的信息来源中确认它。即使你了解该事实，你也应该对它进行确认。如果事实不清就可能会引起争论，你应至少从两种可靠的信息来源中对其加以确认。如果你发现了相互矛盾的事实，那么可能需要找到第三种或第四种信息来源。

相互矛盾的信息来源

你可能会偶然发现对你的研究十分重要的事实，但是却无法从第二种信息来源中证实它。在这种情况下，你应该在写作中坦白这一事实，可以使用下述的声明，“虽然还无法确认，但某杂志声称……”。无法确认的意思即是你找到了该事实，但无法找到证明其真实性的方法。在进行研究过程中，如果一篇文章包含了太多这样的声明，你应该小心使用。

有些事实从同样可靠的信息来源中获得的情况却大不相同，比如一个城市或国家的人口，这是因为它们使用不同的方法搜集这一信息。在这种情况下，人们可以接受这样的描述，“芝加哥人口大约为三百万。”或者“根据一些信息来源，芝加哥的人口数量为三百万；其他地方给出的数字可能稍高一些。”

最重要的事情就是：你要坦诚地说明你找到信息的来源及其内容。这会帮助读者形成自己的观点。

网站评价

如今，网站构成了研究的重要部分，网站的数量很多，因此，值得我们仔细学习要如何对网站进行评价。用来评价其它材料时使用的技巧与网站评价技巧相关联，正如用于评价网站的技巧也与研究中的其它技巧相关。

互联网如何与众不同

互联网的独特之处在于任何人都可以在上面发布信息，而无需花费大量金钱或时间。由于在互联网上发布信息非常简单，因此有关各个题目的信息非常多。一些信息的发布只是为了向你提供这一信息；一些是为了说服你同意作者关于某一有争议问题的立场；一些则是向你兜售商品。有些网络信息带有特殊目的，比如欺骗或传播不正当信息。

搜寻网站

找寻一家值得信赖的网站，其第一步就是利用值得信赖的信息来源找到它。搜索引擎可以帮你找寻网站。利用搜索引擎，你只需敲入几个关键词，搜索引擎用这些关键词在几秒钟之内便能找到所有网站。首先列出的那几个网站是搜索引擎认为与你的题目相关性最大的网站。

上述方法显然很有帮助，但有时也能误导人们。许多搜索引擎为儿童提供单独引擎。有关这种搜索引擎，有一个很受欢迎的网址。这些搜索引擎只能在预先批准的网站列表中寻找信息。这一点很有帮助，这意味着你不会被不适合你的网站击中。如果你正研究一项关于成年人的题目，这些网站可能并没有帮助。

网络目录

另一个有帮助的资源就是网络目录。网络目录有点像电话簿，它不包含所有的网站，只包含该目录选择的网站。网络目录将一些网站包括其中是因为它们付了费，还有些网站是网络目录认可的。有的网络目录中还为儿童提供单独的目录，这类目录中常有一些最受欢迎的网址。无论哪种情况，你都要警惕，所选的网址会在其目录中反映出偏见。

Web Images Maps News Shopping Mail more ▼
Google
Pluto Planet
Search: the web pages from the UK
Web Results 1 - 10 of about 462,000 for Pluto Planet. (0.31 seconds)
Image results for Pluto Planet
PLUTO for PLANETHOOD
BBC NEWS | Science/Nature | Pluto loses status as a planet
Astronomers meeting in the Czech capital vote to strip Pluto of its status as a
call it a "dwarf planet".
news.bbc.co.uk/2/hi/in_depth/5282440.stm - 48k - Cached - Similar pages
Pluto Not a Planet, Astronomers Rule
24 Aug 2006 ... Pluto is no longer a planet, according to a new official definitio
icy sphere will be considered one of more than 40 "dwarf ...
news.nationalgeographic.com/ news/2006/08/060824-pluto-planet.html - 26k -
Cached - Similar pages
Pluto - Wikipedia, the free encyclopedia
Originally classified as a planet, Pluto is now considered the largest member [

上述内容表明了许多网站都包含了关于冥王星的信息。

检验信息的可靠性

可信赖的网站应该清楚标明网站创建者和创建网站的原因。举例说明，假设你正在对地方选举的候选人进行研究。如果登陆网站，你就会了解到这是自由民主党的网站，还会了解到，该网站支持自己党派的候选人，这很明显存在偏见。其他网站可能不会如此明显。如果网站的名字不能清楚地解释出该网站的目的，你应在该网站上寻找到有关这一网站创建者的信息。如果无法明确获得该信息，则说明它的创建者可能有意隐藏其偏见，那么，该网站很可能不可信。

网站评价

- 谁制作的网页？
- 该网页的目录是什么？
- 网站是何时创建的？
- 网站的最新更新时间是什么时候？
- 其信息来自何处？
- 为什么这些信息对你有用？
- 你能够对信息进行确认吗？

维基百科

你可能对维基百科很熟悉。这是一种在线的百科全书，读者可以对其内容进行编辑。它可能是维基软件最著名的例子。其允许团体及个人对网站上的内容进行编辑、创建和链接。公司和组织会使用此软件，以便其员工可以登录该站点。一些人认为维基百科是不可靠的资源。将维基百科作为一种资源时，你应该努力找出是否存在一些对网站进行修改的规则。如果无法确认维基百科站点的可靠性，你应该找到其他的信息来源来支持你在此找到的信息。

不可靠的信息来源有用处吗？

研究是一个过程。当你写文章或研究某个项目时，你会找到一些不相关的信息，也会找到错误的或不可靠的信息，这只是研究过程的一部分。你不应该在写作中使用这些信息，但它们仍然很有用。不可靠的信息来源可以给你带来新的想法或者向你指明正确的方向，因此，你可以阅读不可靠的信息来源，但是不可以将其作为唯一的信息来源来使用。

one laptop per child
translate
article
discussion
view source
history
The OLPC Wiki
This page is monitored by the OLPC team.
english | عربي | български | deutsch | español | français | kreyòl ayisyen | italiano | 日本語 | 한국어 | монгол | ?????? | norsk | portu
| română | русский | kinyarwanda | türkçe | 中文 | 繁體中文
Welcome to the One Laptop per Child Wiki, a collaborative site about the OLPC project and related com
We are currently working on 5,784 pages in over twenty languages.
Learn More · Get Involved · What's New · About this wiki
The mission of the One Laptop per Child association is to develop a low-cost laptop—the "XO Laptop"—to revolutionize how we educate the world's children. Our goal is to provide children around the world with new opportunities to explore, experiment, and express themselves.
Why do children in developing nations need laptops? Laptops are a window and a tool: a window into the world and a tool with which to think. They are a wonderful way for all children to learn learning through independent interaction and exploration.
One Laptop per Child
transformation of educa
who don't have the opp
opportunity. So it's abou
it's about giving the nex
developing world a brig
Walter Bender, Pre
Interview, 24 Apr 2
Search
Google search
Wiki search
About OLPC
Home
Community news
Contact us
Email lists and IRC
Ways to participate
About the XO
Help using the XO
Support for the XO
Projects
Educators
Software
Emulation
Hardware
Content
Testing
Peripherals
Developers
Deployment
OLPC wiki
Recent changes
Random page
Help using the wiki
Toolbox
What links here
Related changes
Upload file
Special pages
Printable version
Permanent link
What's new
Weekly current events · OLPC Planet · Current events archive
Deployments
Teacher Training begins for Bashuki and Bishwamitra pilots
Nepal starts OLPC pilot program.
Laptop Training Begins in Peru
Waveplace starts pilot in Port-Au-Prince, Haiti (video)
The Deployment Guide is now posted to the wiki. Please help us improve it.
Read about Nepal's upcoming deployments in Bashuki Journal and Bishwamitra Journal
Astounded in Arahuay — Ivan Krstić on a followup visit to the site of Peru's 8-month OLPC pilot.
The Inter-American Development Bank announced that it will finance a pilot project to test whether one-to-one computing can improve teaching and learning in schools in Haiti (the poorest country in the Western Hemisphere). The IDB will make a $3-million grant for the pilot project, which will distribute XO laptops to 13,200 students and 500 teachers in 60 Haitian primar schools. The OLPC Foundation will contribute XO laptops to the project through the Give One Get One program.
Read about OLPC in NYC on the Teaching Matters blog.
Our Mongolia project is the first deployment made possible by the generosity of the Give One Get One participants. Many thar Mongolian children to those who contributed through the program.
So easy a child could do it — Birmingham City School personnel attend OLPC workshop to learn about the XO
IHT ran an AP article on how the XO laptop and OLPC are transforming a remote Peruvian village.
From 2007: Uruguay starts mass-production deployment of OLPC Next stop: Peru.

这个网站是一个组织机构的维基百科。该网站允许人们分享与其题目相关的信息。

信息整合

做研究应该是一个令人兴奋不已的旅程。假设你是动物研究实验小组中的一员，你可能开始对这一课题不感兴趣，然而随着研究的展开，你会了解到关于治疗老年痴呆症的相关信息。你的祖母患有老年痴呆，因此你会对此类信息产生兴趣。你接着研究，随后发觉自己身处图书馆中的某处，这里有关于老年痴呆症、患有老年痴呆症的人们、对老年痴呆症进行实验治疗的书籍。你开始阅读并且做笔记，你为此痴迷，这是件很棒的事情。问题在于，这些信息可能并非是你的研究课题所需要的，无论对这一新题目如何感兴趣，你仍需要完成你的指定课题。

如果这种事情经常在你身上发生，你应考虑准备一个笔记本记录下这些想法以便为将来研究这些题目做准备，这样，你就不会感到你在被迫改变你的兴趣。如果你发现自己很容易被干扰，你必须努力找到让你集中精神的方法。一些人发现将间歇的时间进行安排或每次仅工作很短的时间很有帮助。你还可以从不同角度对你的研究题目进行思考，或许它与天气有关，那么你可以对天气的各个方面进行研究。也许你并非真的对天气感兴趣，但是你的确喜欢电脑，你可以研究电脑在预测天气方面所起的作用及将来会起到的作用。你已经努力集中在你的研究题目上了，只不过要将该题目集中在你更感兴趣的问题上。

假设你正在阅读指定题目的另外一套方案，一小时后，你意识到你没有明白自己所阅读的内容，因为你不理解它们，因此你对该题目不感兴趣。对于上述两种情况，你需要停下来重新调整自己。这里有几种方法，包括：休息一下、大声朗读及做笔记。其它技巧则会更具体。

为了回答你的问题，搜集信息是必不可少的步骤。提前想好你所需信息的类型是很有必要的。对于这一问题，可以使用以下几种策略。一种策略就是使用 KWL 图表（我已经知道的，我想知道的，我学到的），它会帮助你将有关该题目中你已知道的信息与你需要学习的信息联系起来，以便解答你的研究问题。

KWL 表

根据以前的经验，你对自己研究的题目已经知之甚多，但是你可能对其他题目不那么熟悉，因此只能算掌握少量的事实。首先，对于你所研究的主题，你应该确定你已经知道了哪些信息。将这些事实填入 KWL 表的第一栏中，接下来确定你需要找到的信息和疑问，将这些问题填入第二栏中。当你已经找到足够的事实来回答或解决问题时，你就可以填写图表的最后一栏。

在研究中使用 KWL 表会帮助你集中于自己需要了解的信息。

KWL 表的示例

题目：动物试验

问题：在医学试验中应该使用动物吗？

我已经知道的	我想知道的	我所学到的
一些动物试验会伤害它们。	有关于动物试验方面的法律。	动物试验中包括哪些不伤害动物的试验。
一些动物试验所发明的药物能够挽救生命。	争议是什么？	大部分人认为应该对动物试验进行一定的限制。
		医药公司不同意禁止动物试验。

SQ3R

另一种技巧被称为 SQ3R，这种技巧在你感觉信息紊乱时会对你非常有帮助。如果你所阅读的信息过于冗繁或条理不清晰，你应该回过头重新审视这些信息，这将帮助你组织自己的思路。这种技巧对备考或准备演讲也同样有用。

SQ3R 分别 代表浏览、提问、阅读、复述和复习（3R 代表“阅读、复述和复习”）。这种方法仅仅适用于印刷材料如书籍、杂志或报纸。使用 SQ3R 策略的第一步是浏览书籍的护封、名称、目录，资料介绍、插图、参考文献及索引。在浏览时，你需要迅速找到书籍内容的要点，随着你对文章内容的阅读，你会发现很多与研究题目相关的信息。为了解答问题，你需要仔细阅读并做好记录。

信息管理技巧

- 给自己充足的时间。因为过于匆忙将导致信息的收集和整理出现诸多的无条理性。
- 将信息材料保存在一个地方。
- 确保您的工作台干净整洁。
- 认真地做好标记，记录该信息的出处。
- 创建自己的顺序或系统，因为并不是所有的系统都适合同一个人。
- 尽量避免做容易分散注意力的事情，例如看电视或者浏览与信息无关的网页。
- 在每一个工作进程结束后及时清除你的材料。

在你的笔记中所使用的事实必须是准确、切题和完整的，你要区分事实与观点，还需要确定作者对该题目的见解或偏见。你的笔记中只能包含解答问题的重要事实，记录中不要有过多的段落或句子，要有足够的信息来帮助你总结自己的想法。在笔记中，你需要标注信息出处的详细说明，这将会帮助你采取适当的方式确认信息的可靠性，也会帮助你以后快速找到这些信息。当你做完笔记时，应该进行回顾，重读一下信息内容，确保将所有重要的事实都已记录下来。

如何使用 SQ3R 技巧

浏览

· 浏览章节、题目、标题、副标题、图片说明、图表、曲线图和示意图。

· 浏览简介和结论。

· 浏览更多的研究问题和教师自编的学习指导。

提问

· 将题目、标题和副标题改成问题。

· 阅读章节末尾的每一个问题。

· 提问自己:"老师对于此章节或题目都做了哪些讲解?"

· 提问自己:"对这一题目,我已经知晓的信息有哪些?"

阅读

· 在章节末尾或教师自编学习指导上寻找问题的答案。

· 重新阅读图片说明、图表、曲线图或示意图。

· 记录所有划线的、斜体的、粗体的词或词组。

· 对于难理解的文章,放慢速度。

· 停下来重新阅读没弄懂的内容。

· 一次只读一部分并且在读完该部分之后进行复述。

复述

· 对于所读内容,大胆提出问题。

· 对课文内容做笔记,但需用自己的语言总结信息。

· 在所读的要点下划线或用彩笔做标记。

· 大声的复述你的答案,牢记:对答案看得越多、听得越多,你对自己所读的内容记住的就会越多。

复习

· 利用笔记,在 24 小时之内对所读内容进行回顾。

· 一周之后再次回顾。

· 约每个月复习一次,直到考试或展示前。

信息的整理

一旦你对所收集的信息作出评价，知道材料已充足，你需要将这些信息整理出来用于写作，记录卡对此很有帮助。将所有信息来源进行记录很重要，你应该为每一份好的信息来源制作一个记录卡，在你以后编写参考文献时，这些卡片很有用。参考文献是文章或书籍末尾用来标明编写文章所用材料来源出处的列表。

准备一个好的信息来源。记录卡会帮助你避免犯偶然的剽窃错误，剽窃是指你将别人的话或想法作为自己的来展示。对你所阅读的信息来源进行记录也使以后再确认其来源时更容易找到它们。许多人发现为每一个所发现的事实准备单独的记录卡是很有用的，卡片上应该包含信息的出处。

A-1　　　　第 4 页

汉迪赛德，克里斯多夫，爵士乐

海涅曼图书馆，2006 年

早在 19 世纪 90 年代，爵士乐开始在美国路易斯安那州的新奥尔良市兴起。

A-2　　　　第 28 页

汉迪赛德，克里斯多夫，爵士乐

海涅曼图书馆，2006 年

“与其他萨克斯管吹奏者演奏的音乐相比，帕克的演奏风格更为独特且更具有表现力。他演奏音乐似乎并不是出于娱乐的需要，而是纯粹为了表达自身的感情。”

记录卡在对你研究的信息进行整理方面很有帮助。

释义和总结

在你的记录卡中，你可能需要释义和总结。释义是指用你自己的话重述搜集到的信息，总结则是将已获知的信息用一句事实概括出来。直接引用是指直接摘录信息来源中的陈述，不加任何改动，必须在其开头和结尾使用引号以表明这不是你自己的话，而是作者所说。在展示中，你可以使用直接引用的方式来支撑你自己的看法。

引用

在研究问题或解决难题时，你会使用到许多信息来源。无论是哪种信息，你会将它们引用或列出来。鉴于写作文章的不同，引用信息来源的规则也有所不同。征求老师的意见，看看他（她）希望你如何编写参考文献。一般而言，参考文献词条通常包括作者、题目、出版日期、出版商等。如何列出这些信息，应根据具体信息源的类型（书籍、杂志、电视节目、网站）和你的题目而定。

参考文献词条

书籍

作者姓名、书名、出版商、版权登记日。

杂志/报纸

作者姓名、"文章题目"、杂志/报纸名称、日期、页码。

百科全书

文章作者姓名、"文章题目"、百科全书名称、卷、出版商、版权登记日。

网站

作者姓名、"文章题目"、网页标题、版权登记日或修订日期。

网页出版商、你看到此网站和网址的时间（年、月、日）及网站地址。

剽窃

在收集完所有需要的信息及完成所有研究后，你开始撰写你的文章，有一件事你必须小心，那就是避免剽窃。剽窃即是通过抄袭而进行欺骗的代名词。在你进行剽窃时，你实际是把他人的想法或话语作为自己的来使用。

许多人都是在无意中犯了这个错误。他们从书籍或文章中摘抄短语或句子，忘记了这些信息的出处并将它们用于自己的论文中。还有一些人则错误地认为：如果他们修改了部分词句，就不能被算作是剽窃。

在考试中，你不应该抄袭别人的答案。同理，你为什么要剽窃别人的想法呢？

如何避免剽窃

认真做记录

· 确保一边阅读一边做笔记。记录所读信息的出处和所在页码。

· 如果从书中引用一段文字，你务必将引文加上双引号。

指出引用的作者

· 如果你赞同书中所述的某些信息，你可以使用如下短语："正如简·奥斯汀所述……"这样读者就可以知道这是谁的想法了。

· 在编写参考文献和脚注时，涵盖超过引用内容的范围是绝对必要的。

使用引号

· 如果你从信息来源处引用信息，则需要使用引号，确保你所引用的信息都在引号内。

自我保护

· 确保为完成课题留出充足的时间，这样你不会企图走捷径。

· 保存论文的草稿。有时可能会被不公平的指控为有剽窃行为，如果有笔记的备份和文章早期的草稿，你能够证明这些想法是你本人的。

发现剽窃行为

你的老师有很多方式来知晓你的文章是否为抄袭的。如果你的文章看起来不像是出自于你的手笔，你会被怀疑的。如果你抄袭了其他同学的论文，学长的或同届的，你的老师可能会发现并询问其他老师是否认识此文章。如果你从出版物或网上进行复制抄袭，你的老师将会把几个句子放在搜索引擎里进而发现你所抄袭的作品。

大多数学校都有严格的规定来禁止剽窃。剽窃的同学将会被取消其研究项目或考试资格、被停学或开除学籍，即使是偶然剽窃，惩罚方式也是如此。成人则会因剽窃行为而失去工作和他人的尊重。

可靠的信息来源

你要对每一种信息来源进行评价以满足自己的需要。以下是一些可靠信息来源的普通分类和示例，根据你的研究题目，你也许会找到其他类别的信息来源。

普通分类	例子	具体例子	注意事项
参考书和网络	百科全书 字典 地图册 年鉴 上述来源的网站	世界文库百科全书 牛津英语词典 泰晤士世界地图集	百科全书通常是每隔几年才出版一次，书中的信息有可能很快就会过时。 网上的参考信息会频繁的更新。 图书馆可能会有陈旧版本的百科全书、字典和其它参考资料。选择你所需信息的最新的版本。
教科书	课堂上使用的书籍		教科书会不断更新，因此你需要确保你使用的是最新的版本并且该书是近期出版的。 教科书里包含许多题目的信息，因此你需要从其它途径搜集更多的细节信息。

网站	公司网站	www.kelloggs.com	公司设立一些网站，目的在于销售介绍和一些产品。 网站信息可能会对你有用，尤其是如果你正在研究某产品或对其进行比较。
	教育网站	www.schoolhistory.co.uk	此类网站专门为学生设立，通常被认为是可靠的信息来源。
	官方网站	www.defra.gov.uk	此类网站由政府部门运作，通常被认为是可靠的信息来源。
	公益网站	www.unicef.org	此类网站由非盈利性机构运作，通常被认为是可靠的信息来源。 这些网站属于支持特殊事业的组织，因此可能会有偏见性。
	博客	Blog. international pupil.com	博客是可以发表个人观点的网站。 许多公司都有博客网站，但它们会尽量隐藏自己博客的事实，使信息看起来更真实。

总结

在本书中，我们已经看到了评价信息的各种方法。在为解答问题搜集信息时，你会发现有很多自己所需的信息来源。在进行研究时，你会发现一些信息内容是事实，而另外一些则是作者自己的想法。你需要辨别出事实和观点并且知道何时运用它们来解答你的研究问题，验证信息的相关性、完整性和准确性会帮你决定该信息是否能用来解答你的研究问题。

在研究某一题目时，你会查阅许多资料并了解很多事实，一些事实可能提及研究题目，但实际上与你的题目并没有太多关联。搜集的信息必须能够回答你研究的问题，这样才有意义。在对项目进行研究时，查找相关的信息是很重要的。

做决定

作为研究人员，你希望能确保你使用的信息是准确的，有时你会发现一些信息与你已经搜集到的其它信息相矛盾。如果你发现的事实之间相互矛盾，则需通过查找其它来源的信息来证明到底哪一事实是正确的。通过查看信息来源日期来确定该信息是否为最新信息。网络是一个重要的信息来源。和其他途径一样，你必须确定网站的作者并查明其是否有资格编写这一题目。

在研究问题的过程中，你可能会发现不准确或误导性的信息，这时，你需要通过多个来源查看该信息，将通过一种来源查到的信息同其它来源的信息做比较，验证哪一信息是准确的。

搜集信息以解答你的问题是很难的事情。但是通过使用各种技巧如：5W 法，KWL 表和 SQ3R 技巧，你将能够找到相关的、准确的和完整的信息来回答你的问题或提供解决问题的方案。

研究是一个学习的过程。在开始时，你也许不能得出你想要的答案，但如果认真地加以研究，你一定会学到新的知识。

当你知道如何获取所需信息时，研究会变得很有趣。

词汇表

偏见 对某一信息进行展示时持有倾向性。

参考文献 列出研究过程中使用的所有信息来源的清单。

博客 “网络日志（Web log）”的缩略语，是将词条按日期先后顺序排列的网站。博客通常是以个人日志的方式张贴在网页上。

引用 作为参考被列出。

常识 大多数人都知道且很容易被验证的信息。

版权登记日 保护作者或艺术家们免于未经其书面允许以任何形式复制其作品的日期。

数据库 存储于电脑或可连接的网络中的信息集合体。

网站目录 对所选各种题目可以进行链接的网页。

域名 网络地址的一部分，给出此类网站的信息。

击中 在网络上成功搜索到信息的结果。

扉页 在书籍前面列出出版信息的某一页。

关键词 用于查找信息的词语。

KWL表 一个图表，用来表示人们对某一题目已经知道的信息、想知道的信息及学到的信息。

客观的 无偏见的，不受观点的影响。

观点 基于某些知识上被认为是正确的信息。

翻译 用自己的话语重新陈述事实。

剽窃 将他人的话语或思想变成自己的。

草稿 一篇文章的初次试写，通常会被改进或被废弃。

搜索引擎 使用关键词在互联网上搜索信息的检索系统。

SQ3R 用于理解所读内容的阅读技巧，是指浏览、提问、阅读、复述和复习。

总结 以简短的形式对信息进行整合。

技术报告 一种科学报告，用于描述所研究题目的科研成果。

主题句 描述一段文字中心思想的句子。

URL 统一资源定位符，Uniform Resource Locator的缩写，是一个网站的地址。

验证 确认真实性。

维基 一个允许群体或个人对网页上的内容进行创作、编辑和进行链接的软件。

更多信息

书籍

《学习技巧手册》，斯特拉·科特雷尔（Palgrave Macmillan 出版社，2005）

《如何撰写优秀学术报告》，伊丽莎白·詹姆斯、卡罗尔·柏金（Harper Trophy 出版社，1998）

《家庭作业之最佳网站 KS3》，安迪·西德（Hodder 出版社，2006）

《预备！开始！研究！轻松愉快的研究技巧指南》，马文·德班（Scholastic 出版社，2008）

网站

www.bized.co.uk/reference/studyskills/index.htm

此网站包含很多学习技巧资讯，涵盖了本书中多个主题及更多内容。

www.bbc.co.uk/schools/studentlife/revisionandskills

BBC 网站中的此部分在很多方面为更好地进行课题研究提出了有用的建议。

www.virtualchase.com/quality/checklist.html

该网站介绍了如何进行信息评价

更多研究

学习信息评价技巧最好的方法就是不断实践。你可以考虑研究一下本书中讨论的一些题目，例如动物的权利或全球变暖。记得要认真评价信息。

免责声明

本书中所涉及到的所有网址（URLs）在出版之时均属有效网址。但由于网络的动态性，一些网址可能会发生变更，一些地址可能会不存在。由此对读者造成的不便，作者和出版商深表歉意，对于上述网址变更，作者和出版商概不负责。建议儿童在成年人的监督下使用上述网址。

索引